AF247114

CHÊNEDOLLÉ

CHÊNEDOLLÉ

NOTICE BIOGRAPHIQUE

SUR

CHÊNEDOLLÉ

PAR

F. CAZIN,

Membre de la Société Viroise d'Émulation.

VIRE, IMPRIMERIE DE VEUVE BARBOT, RUE SAINT-THOMAS,
— 1869 —

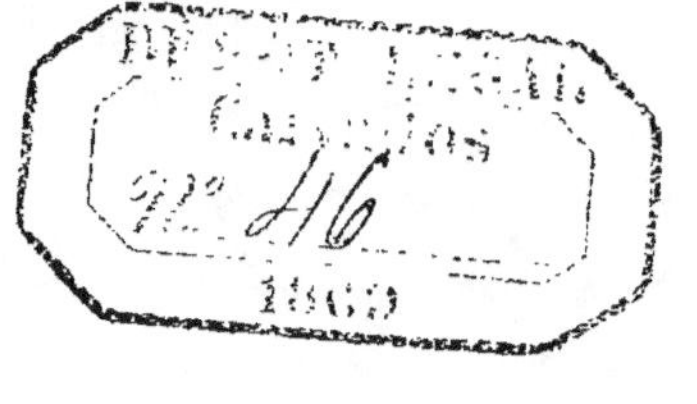

Charles-Julien Lioult de Chênedollé naquit à Vire le 4 novembre 1769. Son père, Conseiller à la Cour des Comptes de Normandie, possédait les terres seigneuriales de Saint-Martindon et de Chênedollé dans le baillage de Vire ; il prit le nom de la première et donna celui de la seconde à son fils.

Sa mère, Suzanne-Julienne Deslandes, était de la noble famille viroise dont la généalogie remonte à Jean Deslandes qui accompagna Godefroy de Bouillon à la conquête de Jérusalem (*).

Chênedollé commença ses études sous la direction des pères Cordeliers du couvent de Vire pour lesquels il conserva toujours un vif sentiment d'affection et de reconnaissance.

Plusieurs années après, en revoyant leur demeure si

(*). Généalogie établie dans un arrêt de la Cour des Comptes, Aides et Finances de Normandie, du 19 avril 1785.

pittoresquement située, mais vide de ses anciens maîtres,
il écrivait :

Voilà les bois, le roc, le pieux monastère,
Où, sous l'œil vigilant du cénobite austère,
S'envolèrent, sans bruit, sur les ailes du temps
De mes premiers beaux jours les rapides instants.
Jours trop tôt écoulés ! Là, dans la solitude,
S'aplanirent pour moi les sentiers de l'étude ;
Et sous les calmes abris de ces ombrages verts,
Ma muse encore enfant essaya quelques vers (*).

Il n'avait que douze ans lorsqu'il quitta les Cordeliers
de Vire pour entrer chez les Oratoriens du célèbre Collége
de Juilly. Il y acheva ses études, en sortit en 1788 et
revint au Coisel, habitation de sa famille, sise en la
commune de Burcy, près Vire.

Ce fut là, — dans ce jardin d'agréable fraîcheur, —
comme il l'appelle, — à l'ombre de ses futaies séculaires,
qu'il sentit son imagination se développer à la lecture des
grands écrivains de la Grèce et de Rome, et son âme
s'enflammer du feu sacré de la poésie à l'aspect des
beautés de la création qui l'entouraient.

Il se plaisait à parcourir les bois, les coteaux du
Coisel avec ses auteurs favoris, Gessner, Buffon, Bernardin
de Saint-Pierre. — « J'ai passé deux heures au pied d'un
fossé à l'abri du vent, à lire Gessner ; j'ai rarement
éprouvé un plaisir aussi vif, un enchantement pareil à
celui-là.... J'eus le sentiment de la poésie au plus haut
degré, » — dit-il dans ses notes.

(*). *Le Val-de-Vire*, poème. Edition 1864, page 409.

. Ces notes étaient un *registre* qu'il tenait des événements journaliers de sa vie ; il le continua longtemps, et souvent il se félicita d'avoir fait ce recueil où il puisait des souvenirs des années écoulées, des dates, des renseignements, que sa mémoire n'avait pas conservés (*).

Chênedollé avait 22 ans lorsque la révolution commença ses plus violentes attaques contre la féodalité. L'aristocratie alarmée quitta le sol de la patrie. Chênedollé suivit l'exemple des princes et de la noblesse qui cherchaient à l'étranger un refuge contre les persécutions dont ils se voyaient menacés. Le cœur serré, il dit adieu à son cher Coisel, à ses bois, à ses beaux horisons dont son cœur emportait des images qui l'inspirèrent souvent; il embrassa ses bien-aimés parents, leur promettant un prompt retour... car, l'ouragan ne pouvait durer... et, en décembre 1791, il passa en Belgique et, de là, en Hollande.

Il s'y rencontra avec plusieurs jeunes nobles ; comme eux, il entra dans l'armée des princes sous les ordres desquels il fit les campagnes de 93 et de 94.

La communauté de situation avait formé entre ces jeunes émigrés des sociétés qu'une conformité de goûts, d'amour de l'étude, ou de caractères, rendit plus intimes entre quelques-uns. Chênedollé s'y créa des amis qu'il retrouva plus tard avec bonheur.

. En 1795, l'armée des princes, s'appercevant que ce

(*). Ces notes autobiographiques, précieuses archives de la famille de Chênedollé, ont été par elle communiquées à M Sainte-Beuve qui en a tiré son *Etude sur Chênedollé* publiée dans la Revue des Deux-Mondes (1er juin 1849).

n'était plus dans l'intérêt de la dynastie dépossédée que ses alliés continuaient à faire la guerre à la France, s'en sépara et ne tarda pas à se dissoudre.

Une maladie contagieuse décimait l'armée prussienne ; elle avait atteint quelques jeunes émigrés ; Châteaubriant, qui, au premier bruit des dangers dont était menacé le trône de France, avait quitté l'Amérique pour venir se joindre à ses défenseurs, fut un des premiers atteint de la contagion. A peine convalescent, il passa en Angleterre.

Chênedollé, dont la santé avait aussi souffert de la même maladie, se rendit à Hambourg où un de ses amis, le marquis de la Tresne, le présenta à Rivarol qui y résidait alors. L'esprit merveilleux de ce célèbre écrivain, le talent d'improvisation qui l'avait fait appeler, dans la société parisienne, le Dieu de la Conversation (*), placèrent tout d'abord Chênedollé sous le charme et l'enchaînèrent d'une chaîne d'or, « Chose singulière, dit-il dans ses notes, — pendant les deux années que je passai avec lui, je ne fis presque rien :

Mon génie étonné tremblait devant le sien !

Il m'avait dompté. J'étais devenu l'esclave de sa pensée, et je n'avais conservé de puissance que pour l'admirer. »...

Mais Chênedollé s'apperçut bientôt que tant de brillantes qualités cachaient un cœur sec, égoïste, — que cette

(*). Les bons mots de Rivarol, rassemblés par son frère, ont été publiés par Chênedollé et Fayolle sous ce titre : *Esprit de Rivarol.*

verve étonnante manquait de probité — (*). Le charme se dissipa, la chaîne d'or fut brisée....

Après deux années d'un travail en commun, spécialement au *Dictionnaire sur l'universalité de la langue française*, Chênedollé, bien qu'il trouvât dans cette collaboration un emploi lucratif de son temps, cessa toute relation avec Rivarol, à la suite d'une scène de reproches que celui-ci lui avait faite sur son peu d'assiduité au travail commun. Déjà, depuis longtemps, les sentiments de délicatesse et d'honnêteté du jeune poête étaient blessés par les mœurs fort légères de son collaborateur. — « J'adore le talent de Rivarol, dit-il, — j'aime sa personne ; mais je ne le reverrai plus » — (**).n

A Hambourg se trouvait Klopstock, auteur du poéme allemand la *Messiade* qui inspira à Chênedollé sa plus belle ode dont le titre est l'*Invention*. Dans cette ode, il met l'auteur de la *Messiade* au-dessus des plus célèbres poétes de tous les temps, voir même Virgile et Homère.

Le cœur des écrivains, celui des poêtes surtout, est garni d'un triple airain qui, s'il ne le rend pas invulnérable aux traits de la critique, lui fait aisément supporter ceux de la flatterie. Les éloges, pour eux ne sont que justice rendue à leur mérite ; ils n'en reconnaissent pas volontiers l'exagération, si outrée qu'elle soit.

Klopstock fit le meilleur accueil à son louangeur ; par réciprocité, il convint que ses vers étaient charmants et dit qu'il attachait un grand prix à être loué par un poéte français.

(*). Expression de Chênedollé.

(**). Delille disait en parlant de Rivarol : « C'est le plus aimable vaurien que j'aie rencontré. »

A la même époque, — 1795, — Chênedollé publia une autre Ode en l'honneur de Buffon qui venait de mourir et pour lequel il avait toujours eu une profonde admiration. Cette Ode, sous le titre de *Le Génie de Buffon*, et celle à Klopstock, publiées dans le *Spectateur du Nord*, placèrent Chênedollé aux premiers rangs des poétes de l'émigration.

Vingt-deux ans plus tard, en 1817, l'Ode, *le Génie de Buffon*, remporta le prix aux jeux floraux de Toulouse, où l'éloge de notre grand naturaliste avait été mis au concours.

En 1797, parut dans le *Spectateur du Nord*, une troisième Ode : *Michel-Ange* ou *la Renaissance des Arts*.

Le *Spectateur du Nord*, journal fondé par des savants à Hambourg, dit, en parlant de cette Ode :

— Chênedollé aspirait à celébrer tour à tour, les Rois du pinceau, de la lyre et de la pensée, et à caractériser leur génie par le ton même des chants qu'il leur consacrait. Il fallait dans cette œuvre, pour y réussir, élévation, variété et souplesse... Chênedollé a surtout l'élévation et le souffle...

Parmi les autres articles tant en vers qu'en prose, que Chênedollé publia dans le *Spectateur du Nord*, parut encore, cette même année 1797, un *Essai sur la manière de traduire les Poétes*, auquel, pour servir d'exemple, était jointe la traduction en prose de trois Odes d'Horace.

Le poéme des *Plantes* de son compatriote Castel venait de paraître. Chênedollé en fit l'analyse, loua le mérite de l'ouvrage ; le talent poétique de l'auteur. Dans une note du 11ᵉ chant du *Génie de l'Homme*, il cite la description d'une scène de la Zône Torride, tirée du poéme des *Plantes* — ouvrage ou respire, dit-il, la grâce la plus douce et le goût le plus pur de l'antiquité. —

Le nom de Goethe retentissait alors dans toute l'Allemagne ; glorieuse de ses deux chefs-d'œuvre, Werther et Faust, elle n'accusait pas encore l'auteur de manquer de patriotisme.

Chênedollé désira connaître ce grand poéte ; il alla lui faire une visite à Weimar et en reçut l'accueil le plus bienveillant.

Ce fut pendant son séjour à Hambourg que Chênedollé commença son poéme de *la Nature*, dont Rivarol lui avait inspiré l'idée. Il en changea plus tard le titre en celui du *Génie de l'Homme*.

Depuis longtemps, l'amour de la patrie inspirait au jeune poéte le désir d'y rentrer ; quelques émigrés en avaient déjà obtenu l'autorisation. Puis, c'était pour lui un moyen de rompre l'engagement qui le liait encore à Rivarol, sans que celui-ci put en être blessé.

Il quitta Hambourg et, à la fin de l'été de 1797, il arriva au milieu des montagnes et des glaciers de la Suisse dont le spectacle exalta son imagination. Aussi s'écriait-il :

> Magnifiques horreurs qui recréez ma vue,
> Jura, glaciers fameux, Alpes, je vous salue !
> Combien j'aime à revoir ces monts religieux
> Où l'âme s'agrandit en approchant des cieux !...,.
> Que j'aimais vos scènes subliines !
> Que mon transport fut grand quand, sur ses ailes d'or,
> L'enthousiasme ardent m'emportant sur ses cimes,
> M'y fit prendre un immense essor !....

Peut-être encore fut-il amené dans cette contrée par le désir de connaître Mme de Staël qui, alors déjà, jouissait d'une haute réputation dans le monde savant. — Il fallait qu'elle fut bien méritée cette réputation puisque Chênedollé se sentit encore plus enthousiasme de l'esprit de la chatelaine de Coppet qu'il ne l'avait été de celui de Rivarol.

Necker et Benjamin Constant étaient alors à Coppet; chaque jour, une société de savants et de littérateurs génevois s'y réunissait l'après dîner.

Notre jeune poéte passa là quelques jours de la manière le plus selon ses goûts, en promenades pittoresques avec ses hôtes et en conversations des plus intéressantes. Ce ne fut pas sans regrets que, le 12 septembre, il quitta Coppet pour entreprendre une excursion dans les Hautes-Alpes.

Son enthousiasme parvint au plus haut degré dans ces régions élevées. Le poéme de la Nature profita des inspirations nées au milieu des scènes grandioses de la création.

Ce voyage laissa au cœur de Chênedollé une profonde impression et des souvenirs qui ne s'effacèrent jamais. Ils sont consacrés dans les vers de son Ode intitulée *Regrets:*

> Jura ! vieux trône des tempêtes,
> O, que de fois, rêveur, mon amour t'a cherché !
> Alpes, combien de fois les sapins de vos faites
> Sous leurs ombrages m'ont caché !
>
> Oh ! qu'alors de vos grandes scènes
> J'aimais à retrouver les sublimes tableaux !
> Vastes glaciers ! vieux monts ! vos pompeux phénomènes
> Renaissaient tous sous mes pinceaux !

Mme de Staël connaissait les poésies de Chênedollé, imprimées à Hambourg, lorsqu'il était venu à Coppet. — Ses vers, disait-elle, sont hauts comme les cèdres du Liban. — Elle l'avait accueilli avec empressement et s'était sentie pénétrée pour lui d'un vif intérêt qu'elle prouva bientôt en faisant rayer son nom de la liste des émigrés, par l'intervention de Fouché.

Ce ministre, Préfet des études chez les Oratoriens de Juilly, lorsque Chênedollé était leur élève, lui fit un bon accueil par considération pour Mme de Staël, lorsqu'elle le lui présenta, et non pas à titre d'ancien disciple, titre qui rappelait une situation et une profession dont le souvenir semblait être importun à l'ex-Oratorien.

On pourrait être surpris de voir alors Chênedollé prolonger son séjour à Paris pendant trois années avant de revenir à Vire, revoir ses parents et le Coisel qu'il avait quittés avec tant de regrets, huit ans auparavant.

Mais, durant ces trois années, il n'eut pas la liberté de quitter Paris ; en lui obtenant sa radiation de la liste des émigrés et l'autorisation de rentrer en France, Fouché n'avait pu lui permettre de revenir dans son pays natal trop voisin de la Vendée, alors en pleine insurrection.

Les royalistes vendéens pénétraient par bandes dans la Basse-Normandie ; elles parcouraient les environs de Vire et s'avancèrent plus d'une fois jusqu'à ses portes. La situation du jeune émigré aurait été compromettante pour lui, pour sa famille, s'il y était rentré. Il dut attendre, interné à Paris, dans son propre intérêt, la fin de la guerre civile pour revenir auprès de ses parents, dans son pays natal, qu'il n'avait pas cessé d'aimer et de regeetter dans l'exil ; plus d'un passage de ses œuvres en témoignent.

Il n'apparaît pas que, durant son séjour forcé dans la capitale, Chênedollé ait cherché à tirer parti de sa science pour se créer une position avantageuse, ni qu'il ait sollicité dans ce but et pour le sortir de l'état précaire où il se trouvait alors, la protection des hauts personnages qu'il rencontrait dans les salons dont sa réputation lui avait ouvert les portes. Une absence complète d'ambition, et une noble fierté naturelle, l'éloignèrent toujours du rôle de solliciteur. Et pourtant, sa gêne était grande à cette époque !

Vingt ans plus tard, son ami Châteaubriant, qui avait partagé avec lui cette gêne, la lui rappelait ainsi dans une lettre qu'il lui adressait à Vire, le 26 juillet 1820 :

« Je voudrais bien vous voir à Paris. Votre muse doit avoir besoin de revoir les lieux qui ont inspiré Racine.... Nous nous reverrons ; nous finirons nos jours ensemble dans cette grande Babylone qu'on aime toujours en la maudissant et nous nous rappellerons le bon temps de nos misères où nous prenions le détestable café de Mme Rousseau.

..... Je vous embrasse tendrement. ».....

Comme compensation, Paris offrait alors aux deux amis un spectacle bien capable de faire diversion aux tristes préoccupations de leur situation présente et de leur avenir.

Après les plus terribles convulsions dont l'histoire d'aucun peuple ait jamais fait mention, la capitale républicaine, livrée aux accès d'une folle gaîté, s'empressait de couvrir de fleurs et de lauriers les traces du sang qu'elle avait naguère répandu dans les accès d'un délire furieux. Partout retentissaient les chants de victoires dans des fêtes chaque jour nouvelles.

Les cœurs s'ouvraient à l'espérance ; l'avenir souriant sollicitait l'oubli de ces jours d'horreurs dont les récits avaient fait frémir le monde entier ; le souvenir n'en apparaissait déjà plus que comme celui d'un affreux cauchemar, et, profitant de la liberté qui leur était faite, les arts et les sciences, débarrassés de toutes les entraves du passé, recommençaient à fleurir.

La réputation de Chênedollé, poéte, l'avait précédé à Paris ; sa liaison avec Rivarol, avec Benjamin Constant, la protection dont l'honorait Mme de Staël, le firent accueillir avec empressement dans le salon de Mme de Beaumont, fille de M. de Montmorin, ancien ministre des affaires étrangères. Cette dame, comme Mme de Rambouillet, au siècle précédent, réunissait, chaque soir, dans son hôtel de la rue Neuve du Luxembourg, une société de savants et de gens d'esprit — sans autre dessein que celui de se voir, de causer, de se féliciter de vivre encore...

Le caractère essentiellement bienveillant et généreux de Chênedollé lui avait concilié les sympathies des membres de cette société. On aimait sa conversation, quelquefois gaie, toujours spirituelle et brillante de saillies et d'observations judicieuses ; sa critique modérée et raisonnée était exposée avec calme et soutenue sans aigreur.

Les heures passées dans ces réunions si bien faites pour lui plaire, s'écoulaient rapidement pour Chênedollé, et pourtant, il y portait souvent un air de mélancolie et de tristesse que ses amis attribuaient à quelques chagrins de famille et qui lui valut de leur part et dans l'intimité le titre familier d'aimable Corbeau.

Ce fut dans le salon de Mme de Beaumont que Chênedollé et Chateaubriant se connurent et se lièrent d'une amitié qui ne s'altéra jamais et que la mort seule put rompre. — « A trente ans, dit-il dans ses notes, nous nous sommes connus à Paris, Chateaubriant et moi. Il arrivait de Londres, moi de Suisse. Nous étions tous deux émigrés. Nous avions même âge, mêmes goûts, même amour de l'étude, même désir de la gloire, nous méditions tous deux de grands ouvrages. Pendant plus de deux ans, nous ne fûmes presque pas un seul jour sans nous voir ; mais bientôt nos chemins se séparèrent ; notre fortune devint toute différente. » —

Le 5 août 1802, Chênedollé put enfin revenir à Vire. Sa santé altérée exigeait des soins qu'il trouva dans sa famille. Le bonheur de la revoir, après onze ans de séparation, de se retrouver au Coisel, de respirer l'air pur de ses bois, de ses champs, pour lui si pleins de doux souvenirs de la première jeunesse, opéra une prompte guérison et lui inspira son charmant poéme *le Val-de-Vire*, commençant ainsi :

> Vallon délicieux, fraîche et riche verdure,
> Bondissante cascade à l'éternel murmure,
> Doux prés, riants côteaux, magnifiques vergers,
> Parés d'arbres en fleurs, rivaux des orangers,
> Vous, sauvages beautés, pittoresques abimes,
> Et vous, dont si souvent je gravissais les cimes,
> Vieux rochers au front chauve, ou couronnées de bois,
> Après dix ans d'absence, enfin je vous revois !

Châteaubriant sollicitait une place de secrétaire d'am-

bassade. Le 27 novembre 1802, il écrivait à Chênedollé:
« Rester à Vire c'est vous enterrer tout vif... Votre
présence à Paris est indispensable si vous désirez occuper
une place. »

Chênedollé alla passer l'hiver de 1802-1803 dans la
capitale et revint au Coisel, — sans avoir obtenu de place,
— sans en avoir sollicité, probablement !

Nommé secrétaire d'ambassade à Rome, Châteaubriant
demande à Chênedollé de l'accompagner ; au mois de
décembre, il vient à Vire faire de plus vives instances
pour que son ami le suive en Italie. Le 25 mai 1803, il
écrit à M. de Saint-Martindon qu'il est certain de faire
placer son fils dans l'ambassade et ne lui demande que
de lui assurer une petite pension pour vivre à Rome.

Chênedollé ne put se rendre aux instances de son ami;
dès lors s'établit entre eux une correspondance du plus
haut intérêt, précieux joyau du Coisel.

Châteaubriant ne tarda pas à se plaindre de ses rapports
avec l'ambassadeur, le cardinal Fesch. Il dut se féliciter
que Chênedollé ne se fut pas rendu à ses instances.

En mars 1804, nommé ministre dans le Valais, il in-
vite Chênedollé à venir l'y trouver, mais toujours inuti-
lement, et bien en prit à celui-ci de n'avoir pas fait ce
voyage : Châteaubriant ayant appris la mort du duc
d'Enghien, le 20 mars, avait, aussitôt, envoyé à Bonaparte
sa démission d'ambassadeur en Suisse.

Le 9 novembre suivant, 1804, mourut Lucile, la plus
jeune des sœurs de Chateaubriant. Chênedollé l'avait
connue à Paris en 1802 et dans l'hiver de 1802-1803.
Dans ses mémoires d'outre tombe, Châteaubriant fait
mention d'un projet de mariage entre son ami et celle

sœur, veuve d'un M. de Caud. Chênedollé en parle dans ses notes, comme d'une femme charmante, douée des plus précieuses qualités du cœur et de l'esprit (1).

— « Celui qui n'a pas connu Lucile, dit-il, ne peut pas savoir ce qu'il y a d'admirable et de délicat dans le cœur d'une femme : Elle respirait et pensait dans le ciel. Il n'y a jamais eu de sensibilité égale à la sienne. »...

Le cœur impressionnable du poëte n'avait pu résister à tant de charmes... Si Lucile refusa de l'épouser, elle lui fit du moins la promesse de ne pas en épouser un autre.

Dans une lettre qu'elle lui écrivait de Rennes, le 2 avril 1803, elle lui disait :

..... « S'il est vrai que vous ayez l'idée que nous pourrons être un jour unis, perdez tout à fait cette idée ; croyez que je ne suis point d'un caractère à souffrir jamais que vous sacrifiiez votre destinée à la mienne.....

... L'engagement que j'ai pris avec vous de ne point me marier a pour moi du charme, parce que je le regarde presque comme un lien, comme une espèce de manière de vous appartenir. ».....

Ce refus de Lucile n'enleva rien au tendre attachement de Chênedollé, aussi fut-il longtemps tout entier à la douleur que sa mort lui causa.

Les pages de son *registre* se couvrirent d'expressions de regrets, de souvenirs déchirants et de cruelles réflexions sur l'inévitable fin de l'espèce humaine.

(1). C'est à cette sœur que Châteaubriant adressait cette romance bien connue :

Combien j'ai douce souvenance
Du beau lieu de ma naissance....

Un mois après la mort de Lucile, il écrivait :

« Quelle pensée ! Ce visage céleste, si noble et si beau, ces yeux admirables où il ne se peignait que des mouvements d'amour épuré, de vertu et de génie, ces yeux les plus beaux que j'aie vus, sont aujourd'hui la proie des vers. Il est impossible de penser à cette image sans frémir. »...

Mme de Custines, dont il devait la connaissance à Chateaubriant, habitait Fervaques, dans le Calvados. Cette dame, que Bouflers avait appelée la Reine des roses, parvint, avec la délicatesse d'une amitié intelligente, dévouée et toute féminine, à lui faire entendre des consolations et à l'arracher à l'isolement et à l'inaction où sa douleur semblait se complaire.

« Mme de Custines, écrivait-il, a redonné un nouvel intérêt à une vie que je croyais condamnée à une tristesse sans appel et à des regrets sans espoir. »

Il acheva de corriger son grand ouvrage, et, au printemps de 1807, parut le *Génie de l'Homme.*

Nous empruntons à l'auteur de l'Etude littéraire sur Chênedollé (*), ses appréciations sur ce poëme. Nous les admettons d'autant plus volontiers qu'elles sont en rapport avec nos propres impressions et avec les éloges de littérateurs éminents que nous retrouvons dans nos souvenirs classiques : (**).

— « S'il y a quelques défauts dans le *Génie de l'Homme,* dit M. Helland, — ils sont bien effacés par les beautés que nous y admirons. On y remarquera surtout avec

(*). Helland.

(**). Noël et Rendu, Inspecteurs généraux de l'Université (1811).

quelle facilité le poéte y a traité les sujets les plus variés. Sublime jusqu'à la plus haute poésie dans la description des grands phénomènes de la nature, il descend avec modestie pour peindre l'humble et gracieuse fleur des champs ; sérieux et grave dans les passages de métaphysique et d'organisation sociale, il conduit au bonheur l'homme vertueux, sous l'égide de la religion, de l'amitié et des affections de famille, à travers les écueils qui environnent sa vie. »

L'époque où parut le Génie de l'homme, n'était pas opportune pour une publication de ce genre. Toutes les trompettes de la renommée étaient occupées à célébrer la gloire et les conquêtes du Grand-Capitaine, et, quoique son gouvernement proclamât hautement son amour pour les lettres, quoiqu'il les favorisât et les encourageât généreusement, ce n'était pourtant assez généralement qu'à la condition qu'elles seraient reconnaissantes et dévouées ; les soins de sa propre grandeur passaient avant tout ; les éloges de ses actions, les récits de ses exploits, de ses victoires, étaient les plus beaux poëmes, les plus dignes d'admiration et de récompense.

Hors du cercle des littérateurs, l'auteur du *Génie de l'Homme* serait resté dans l'ombre ; mais, au nombre de ses amis les plus intimes, étaient Fontanes et Joubert ; Joubert, qui disait que — les vers de Chênedollé étaient d'argent... qu'ils faisaient sur lui l'effet du disque argenté de la lune. — L'Université impériale venait d'être fondée et Fontanes en était le Grand-Maître.

Le 11 novembre 1809, Joubert écrivait à Chênedoll qu'il avait obtenu pour lui une place de professeur de Belles-lettres à la Faculté de Rouen, place qui valait au moins 3,000 francs, et, le 6 avril suivant (1810), il lui offrait celle d'Inspecteur de l'Académie de Caen — dont le titulaire serait envoyé ailleurs, si Chênedollé acceptait.

Cette dernière condition ne plut sans doute pas à Chênedollé ; il accepta la place de professeur à la Faculté de Rouen et, le 25 juin 1810, il y prononça un discours fort remarquable en présence de tous les grands dignitaires du département, réunis pour l'ouverture du cours de littérature française.

Le 4 du même mois de juin 1810, Chênedollé avait épousé Mlle Aimée de Bauville, d'une ancienne famille noble de Vire.

Depuis deux ans, il faisait son cours de littérature à la Faculté de Rouen, lorsqu'il consentit à accepter la place d'Inspecteur de l'Académie de Caen que Joubert lui offrait de nouveau.

Cet excellent ami voulait pour Chênedollé une position plus libre, plus indépendante, moins occupée. Il insistait pour qu'il vint à Paris solliciter : — « Il est bon, lui écrivait-il, le 7 août 1812, de ne pas se laisser oublier, et surtout de ne pas laisser croire aux indifférents et aux tièdes qu'on se néglige trop soi-même....

Si l'on ne s'aide point, personne ne nous aide.

Vous ne vous aidez point du tout, et au contraire. Ayez enfin pitié de vous. »

Ces instances furent inutiles... Joubert reconnut qu'il devait seul faire des démarches dans l'intérêt de son ami.

Dans cette circonstance, son zèle l'avait entraîné ; il avait trop préjugé de son influence sur le Grand-Maître qui, depuis quelque temps, était en froid avec Chênedollé dont il avait mal interprété quelque mot ; il refusait de signer sa nomination à la place d'Inspecteur de l'Académie de Caen et de déplacer M. Guidi, jeune italien de mérite, qui l'occupait.

— Joubert gronda, supplia : « Songez donc, — dit-il, tout bas, — que ce pauvre garçon a été le confident de votre muse, le disciple de vos conseils et de vos exemples. Il a voulu vous imiter ; est-ce donc ce qui vous fâche ! Il vous a imité mieux que tout autre : cela devrait vous apaiser. Enfin Chênedollé est par nature votre admirateur; il le sera toujours et malgré vous et malgré lui, jusqu'au fond de ses moelles et de ses veines. » — Cette fois, les arguments furent décisifs et la combinaison réussit.

Le cœur non moins que l'esprit cimenta la liaison qui unissait Chênedollé à Fontanes. Celui-ci mourut le 17 mars 1821. Chênedollé écrivait, le 21 de ce mois : « La mort de Fontanes a achevé de me désenchanter de tout, même des lettres et de la poésie aussi vaines que le reste..... J'ai tout perdu en perdant M. de Fontanes. C'était pour moi plus qu'un maître; c'était un ami, un frère littéraire. ».....

Nommé Inspecteur de l'Académie de Caen, Chênedollé vint fixer sa résidence à Vire. Le Coisel le revit fréquemment, dans les beaux jours d'été, cherchant dans ses alentours des souvenirs et de nouvelles inspirations, heureux d'y trouver le calme et le repos, après plus de vingt années de vicissitudes diverses.

Bien que toujours modeste et sans ambition, l'auteur du *Génie de l'Homme*, après la publication de son poëme, pensa qu'une place à l'Académie n'était pas au-dessus de son mérite. En 1817, il se présenta, mais, comme dans beaucoup d'autres circonstances, il arriva trop tard.

En 1823, nouvelle tentative: Il s'adresse à Roger qui l'avait emporté sur lui en 1817. Celui-ci lui répond une lettre de regrets, de promesses, et y ajoute le conseil — d'attendre.... Ce conseil parut pour le moins fort original à Chênedollé qui attendait depuis dix ans. Il se contenta d'écrire une note fort énergique en marge de la lettre de Roger, en jurant bien qu'on ne l'y prendrait plus.

Il fut admis plus facilement dans la Légion d'honneur. Le Roi, bon appréciateur du mérite littéraire et qui aimait à se faire lire les vers de Chênedollé, lui en fit expédier la décoration, sans qu'il l'eut sollicitée:

Les qualités du cœur de Chênedollé lui firent beaucoup d'amis qui lui restèrent constamment fidèles. Si, comme tout homme supérieur, surtout comme poéte, il eut des critiques, du moins, il n'eut jamais à regretter d'avoir suscité aucune inimitié. Exempt de tout sentiment d'envie ou de jalousie, il se plaisait à encourager les essais, à applaudir aux succès Ses appréciations, même défavorables, étaient toujours d'une impartialité évidente et empreintes d'une bienveillance qui les faisait accueillir sans que l'amour propre en souffrit.

— « Quand je critique, disait-il, c'est toujours à mon grand regret ; je ne demande qu'à trouver de beaux vers ; ce sont des plaisirs de plus. Je suis fâché de trouver des fautes ; loin d'en jouir, j'en souffre. »

Admirateur du grand homme, qui avait tiré la France de l'anarchie, Chênedollé fut quelque temps ébloui par l'éclat et les succès des premières années de son règne... Mais, bientôt les suites fatales de l'ambition du Conquérant, les actes arbitraires et stériles du despote, affaiblirent l'enthousiasme que le prestige de tant de gloire avait fait naître... Il applaudit avec bonheur au retour de la légitimité qu'il considérait comme le principe le plus sûr de stabilité de l'état, et, lorsque le dernier représentant de ce principe quitta la France, on vit Chênedollé, pour la première fois courtisan, mais courtisan du malheur, venir à la tête de sa famille, sur la route voisine du Coisel, offrir un bouquet de lis au monarque exilé.

En 1832, Chênedollé se démit de ses fonctions d'Inspecteur général de l'Université et en obtint le traitement de retraite. Il avait été nommé à cette place, en 1830, par Guernon-Ranville. Il put alors se livrer au bonheur de la vie de famille, à la culture de ses fleurs qu'il avait toujours aimées, à ses goûts pour les sciences et les lettres; il composa de nouvelles poésies, corrigea les anciennes, revit le *Génie de l'Homme*, bien qu'une seconde édition, déjà corrigée, en eut paru en 1812.

Appelé par ses intérêts ou par le désir de revoir d'anciens amis, Chênedollé retourna quelquefois à Paris... Mais, s'il était heureux de retrouver quelques-uns de ceux qu'il avait aimés, quelques débris de ses anciennes sociétés, il l'était bien plus de revenir au milieu de sa famille, de revoir les bois, les fleurs de son cher Coisel.

« En revenant au Coisel le 19 juillet, — écrivait-il en 1823, — j'ai encore trouvé les roses très-fraîches et très-belles. Au moins j'en ai encore joui, quoique leur grand éclat fut passé... Une de mes douleurs à Paris a été de n'avoir pu jouir dans toute leur fraîcheur de mes belles roses du Coisel. »

Plus tard, l'hiver venu, c'étaient ses giboulées, ses neiges, son apreté, qu'il se plaisait à y retrouver.

Les amis de Chênedollé savaient qu'il préparait un autre poëme, *Titus*, ou *La Jérusalem détruite*. Mais, toujours, ils lui ont reproché d'avoir trop écouté le *Démon de la procrastination*, de n'avoir pas assez invoqué la *Muse de l'achèvement*, — la seule qui sache nouer la couronne (*) et, malgré leurs instances, rien de ce poëme n'a été publié; il n'en est resté que quelques fragments ; ce qui était terminé aura été détruit dans un de ces moments de mélancolie qui dominèrent souvent notre poète aux dernières années de sa vie.

On trouverait difficilement dans les œuvres de Chênedollé l'expression d'un sentiment de contentement de soi-même et du temps présent ; le passé n'inspire que regrets ; l'avenir est sans espérances. Tout se décolore à ses yeux et souvent il semble se complaire dans des plaintes que rien ne justifie.

Ainsi, n'était-il pas injuste envers sa muse lorsqu'il disait :

> Oui, bien que loin de la vieillesse,
> Je ne sens plus l'ardeur de mes premiers transports.
> La muse se retire, et l'avare Permesse
> Me refuse ses doux trésors.
>
> Plus froid, sans être encor débile,
> Je ne sens plus en moi brûler le feu sacré ;
> Le génie en mon sein, trop souvent immobile,
> Ne s'éveille plus inspiré.

(*). Sainte-Beuve.

A peine une flamme inégale
Ranime dans mon sang un reste de vigueur,
Et de rares éclairs, jetés par intervalle,
Vient encore échauffer mon cœur.....

Parfois, la pensée énervante de l'inanité des gloires humaines sembla le plonger dans le découragement et le priver du plus puissant stimulant du génie, le désir de s'immortaliser. Cette pensée était ancienne chez lui ; déjà il l'avait exprimée, aux plus beaux jours de son talent, dans ces vers de son grand poëme :

Et cette renommée, objet de notre envie,
Qu'est-elle, en effet? Une seconde vie
Respirant, loin de nous, sur les lèvres d'autrui.
Eh ! qu'importe au grand homme un bien si loin de lui,
Et ce tribut tardif que l'on paie à sa cendre,
Et ces lointaines voix qu'il ne doit pas entendre? (*)

Le fonds de tristesse qui, dans la société de Mme de Beaumont, avait fait appeler notre poète *l'aimable Corbeau*, ne l'abandonna pas, même au sein de sa famille. Si des peines secrètes, de douloureux souvenirs, des regrets, le chagrin, peut-être, de ne plus se trouver l'inspiration, la verve d'autrefois, ajoutèrent à sa mélancolie et lui causèrent une affliction profonde qui s'exhala parfois en plaintes amères, les idées religieuses qu'il n'avait jamais négligées, auraient dû lui conseiller la résignation ; les soins, l'amour de sa famille, l'affection de ses amis auraient dû lui apporter des consolations et diminuer l'amertume de ses regrets, et pourtant, quelques

(*) *Génie de l'Homme.* Chap. 3.

mois avant sa mort, il écrivait dans ses dernières notes :

« J'ai été prodigieusement fier jusqu'à 45 ans, mais le malheur m'a corrigé et m'a rendu aussi humble que j'étais fier. Ah ! c'est une grande école que le malheur ! J'ai appris à me courber et à m'humilier sous la main de Dieu »....

Et, à ces plaintes d'un cœur douloureusement blessé, il ajoutait celles-ci encore plus désespérées, plus voilées de mystère :

« Vieillard, n'espère plus d'exciter aucune sympathie dans le cœur des hommes ! La coupe de la bienveillance est tarie pour toi ; la tendresse, l'affection, la douce et compatissante amitié, se sont retirées devant tes rides et tes cheveux blancs ; soixante ans t'ont marqué au front d'un signe de dégoût.,. Jette toi dans le sein de Dieu ! Lui seul peut combler ce grand vide laissé dans ton cœur ; lui seul peut te rendre avec usure ce que tu as perdu ! »...

Aprés une longue et cruelle maladie, notre grand poète mourut le 2 décembre 1833, au Coisel. Sa fin fut celle d'un chrétien plein de foi et de résignation. Il s'éteignit entouré de sa femme, de ses enfants, et certes sans avoir jamais inspiré à personne les sentiments de désaffection et de dégoût que, bien injustement, il disait acquis à ses cheveux blancs. Loin de là : sa famille et ses amis le pleurèrent amèrement et sa perte fut regardée à Vire comme un malheur public.

Ainsi qu'il en avait exprimé la volonté, Chênedollé fut inhumé sans pompe dans le cimetière de Burcy, paroisse où est situé le Coisel. Le collége, les écoles de Vire et un grand concours d'amis et d'habitants de la ville et des campagnes voisines, lui formèrent un nombreux cortége.

Aucun monument, aucun signe extérieur, ainsi que son excessive modestie l'avait prescrit, n'indiquèrent tout d'abord la place où reposait le *Maître ès-jeux floraux*, couronné trois fois au capitole de Toulouse où son nom brille en lettres d'or entre celui de Châteaubriant, qui l'avait précédé, et celui de Victor Hugo, qui le suivit bientôt.

Mais la terre qui recouvrait les restes mortels de l'auteur du *Génie de l'Homme* ne pouvait demeurer indéfiniment secrète et ignorée de la postérité.

La vue, sur une tombe, d'un nom qui a brillé d'un noble éclat dans le monde, ne procure pas une simple satisfaction de curiosité ; elle fait naître encore des sentiments de gratitude et d'émulation ; elle inspire à l'âme de salutaires méditations, et, à ce titre, cette tombe ne doit pas rester cachée.

Le 24 novembre 1860, la noble et fidèle compagne des vingt-trois dernières années de la vie de notre poète est allée reprendre place à ses côtés... Depuis lors, sur deux monuments voisins, élevés par la piété filiale dans le petit cimetière de Burcy, on lit le nom de Chênedollé et celui d'Aimée de Banville, son épouse.

Nous terminerons cette notice sur les principaux actes de la vie de notre célèbre compatriote par cette appréciation de ses qualités du cœur et de l'esprit faite par son ami le plus intime, Richard-Dubourg d'Isigny, lui aussi poète et possédant les mêmes qualités au plus haut degré :

— « Religieux par conviction, Chênedollé proclamait sa foi par une piété sincère ; il implora le premier les secours et les consolations d'une religion qu'il avait toujours et partout défendue. Ses dernières lignes ont été pour Dieu, ses derniers mots une réponse fervente aux prières du prêtre qui lui montrait le ciel.

La mort l'a surpris au moment où, peut-être, il songeait à revoir ses nombreux écrits. »......

.   .   .   .

« Chênedollé laisse en manuscrits des richesses ignorées ou même inattendues, dont il laissait à peine entrevoir l'existence dans ses épanchements les plus intimes.

Des Mélodies normandes, recueil de poésies nationales presque toutes inspirées par les sites pittoresques, les souvenirs historiques ou les mœurs populaires de son pays.

Une Théorie des corps politiques écrite à la manière de Montesquieu et de Rivarol.

Des Voyages et des Mémoires, dont l'importance, le charme et la variété piquante, seront facilement appréciés, quand on saura que, chaque soir, il écrivait son histoire de chaque jour et l'extrait détaillé de toutes ses conversations, —et, avec combien d'hommes célèbres dans tous les genres ne s'était-il pas trouvé en contact ! Depuis le vieux Klopstock jusqu'à l'*Enfant sublime, Hugo* (*), qui, sans leur extension toujours croissante, eut eu peut-être la gloire de le convertir à ses nouvelles doctrines. »

« Profondément versé dans toutes les littératures, cité même à Paris pour bien lire les vers, Chênedollé n'était resté étranger à aucune branche des connaissances

(*). Expressions de Châteaubriant à l'apparition de la première Ode de Victor Hugo, alors âgé de 17 ans.

humaines. Il avait le travail facile, l'esprit vif, prompt et pénétrant, le goût sûr et délicat, la conversation étincelante, incisive, riche en souvenirs variés des hommes et des choses, en saillies piquantes, en répliques fines et inattendues, animées et tempérées à la fois par un regard de feu et le plus charmant sourire, et, ce qui vaut mieux que tout cela, le cœur essentiellement bon, simple, aimant, charitable, dévoué à ses amis, indulgent à ses ennemis. »......

Au moment de sa mort, les amis, les compatriotes de Chênedollé, justes appréciateurs de son mérite, pensèrent qu'il était de l'intérêt, de la gloire, du devoir même de Vire d'honorer la mémoire d'un de ses plus illustres enfants ; ils ouvrirent une souscription pour lui élever un monument dans sa ville natale et publièrent le prospectus suivant en tête de la liste de souscription :

— « Les compatriotes de M. de Chênedollé ont uni leurs regrets à ceux de sa famille. Le jour de sa mort fut pour eux un jour de deuil. Ils admiraient ses talents, ils estimaient ses vertus privées. L'auteur du *Génie de l'Homme* était placé aux premiers rangs des grands poètes de notre époque ; ses connaissances étaient variées e profondes ; la ville qui l'a vu naître doit le mettre en tête de ses célébrités : sa renommée est un titre pour elle... C'est donc à nous, compatriotes de M. de Chênedollé, à lui accorder une distinction particulière, à lui consacrer un monument public, simple comme sa vie, durable comme ses ouvrages. Cet hommage mérité restera comme un témoignage de notre patriotisme et de notre empressement à honorer les hautes capacités intellectuelles. »

« C'est sous l'influence de ces idées généreuses, qu'une réunion d'amis des lettres et de la gloire du pays propose la souscription ci-dessous : »

« Cet appel s'adresse non-seulement aux habitants de la ville de Vire et aux Normands, mais à la France littéraire et aux nombreux amis de Chênedollé. »

Un grand nombre de souscriptions témoignèrent bientôt que cet appel avait été entendu. Un illustre ami de Chênedollé, Lamartine, obtint du Ministre de l'Instruction publique une subvention qui fut immédiatement versée à la Caisse municipale.... Mais, surgirent alors des difficultés imprévues... La ville avait d'autres illustrations... Le vieux créateur du Vaudevillle, Olivier Basselin, et le chantre des Plantes, Castel, étaient aussi des gloires poétiques de Vire... On proposa un seul monument pour leurs noms et celui de Chênedollé. Quelle serait la forme de ce monument? Où le placerait-on? Ces questions longuement débattues en retardaient l'exécution ; le temps se passait en hésitations. Quelques-uns des plus zélés promoteurs du projet disparurent ; peu à peu, l'empressement des autres s'affaiblit ; les événements politiques, les changements administratifs en firent périodiquement ajourner la reprise et trop d'années s'étaient écoulées lorsque, un étranger à notre ville, un habile statuaire, M. Leharivel-Durocher, envoya à l'Exposition de 1866 un buste de notre grand poète, en marbre blanc et d'une admirable exécution.

Nulle ville, plus que celle qui avait vu naître Chênedollé, n'avait droit à la possession de ce buste. Le Conseil municipal en fit la demande au Ministre des Beaux-Arts qui l'avait acquis de l'auteur, et, sur sa proposition, l'Empereur le donna à la ville de Vire.

Naguère, M. le comte de Chevigné a généreusement abandonné à notre ville la statue en bronze qu'il avait fait élever dans ses jardins à son ami, l'auteur du poéme des Plantes, Castel, ce digne compatriote de Chênedollé; et, dans sa séance du 9 novembre 1868, le Conseil municipal arrêta que le buste de Chênedollé serait posé sur la fontaine de la place Impériale et que la statue de Castel serait installée sur la place de l'Hôtel-de-Ville.

Déjà, en 1830, le nom de Castel avait été donné à la petite place où est la maison qu'il a habitée, et, en 1855, le Conseil municipal donnait le nom de Chênedollé à la rue où avait demeuré sa famille.

Antérieurement, lors de la réunion à Vire de l'Association Normande au concours départemental de 1848, une table de marbre noir, portant en lettres d'or le nom du vieux poète virois, Olivier Basselin, donnée par M. Lair, conseiller de préfecture, avait été appliquée au mur du moulin où a vécu le foulon chansonnier.

Ainsi sera acquittée la dette de la ville de Vire envers ses trois principales illustrations poétiques, grâce au concours de généreux donateurs étrangers.

Le cadre de cette notice biographique sur Chênedollé ne nous a permis d'y faire entrer que quelques extraits de ses correspondances avec ses illustres amis.

Les lettres de Châteaubriant, de Fontanes, de Joubert, contiennent sur les œuvres d'écrivains contemporains des appréciations qu'on ne retrouverait peut-être pas ailleurs, des affirmations de l'estime qu'ils avaient pour notre poète, de l'attachement qu'il avait sû leur inspirer. Les lettres de Mme de Beaumont, de Mme de Custines, témoignent d'une affection bien vive, bien dévouée, indice de belles et nobles qualités chez celui qui l'avait fait naître. — Quant à celles de la jeune sœur de Châteaubriant, dictées par le cœur le plus sensible, le plus aimant, retenu dans ses épanchements par une délicatesse extrême, par une vague et douloureuse méfiance du bonheur, elles justifient les éloges que Chênedollé donne dans ses notes à cette femme céleste dont la mort même n'éteignit pas chez lui le tendre sentiment qui les avait unis.

Ces corsespondances et le registre de Chênedollé formeraient un volume extrêmement intéressant qui ajouterait à sa gloire et complèterait celle qu'il doit à ses poésies.

Puisse ce volume être, un jour, publié!

NOTICE BIBLIOGRAPHIQUE
DES OEUVRES DE CHÊNEDOLLÉ.

L'INVENTION, *poëme à Klopstock, Hambourg 1809, in-8°.*

LE GÉNIE DE L'HOMME, *poëme en 4 chants. Paris, Nicolle, 1809, 4e Edition revue et corrigée avec le plus grand soin, Paris, Ch. Gosselin, 1825, grand in-18 avec frontispice gravé. 5e Edition, Paris, Firmin-Didot, 1864.*

ÉTUDES POÉTIQUES, *Paris, Nicolle 1820, in-4°. — 2e Edition augmentée, Paris, Ch. Gosselin, 1822, grand in-18.*

ESPRIT DE RIVAROL, *Paris, Bechet 1808, in-12, avec M. Fayolle. 5 vol. in-8°.*

DISCOURS *pour l'ouverture du cours de littérature française au Lycée de Rouen, 1810. Rouen. Herment.*

Les Recueils et Journaux suivants contiennent un grand nombre de Poésies de Chênedollé :

Le Spectateur du Nord.

L'Almanach des Muses.

Le tome 2 de la Société des Antiquaires de Normandie.

L'Ami de la Vérité, Journal de la Normandie.

Les Annales Romantiques.

Keapsakes publiés par Louis Janet.

La Revue de Caen 1834.

La Muse française 1823-1824.

Chênedollé a revu et fait précéder d'une notice les chefs-d'œuvre de Shakespeare, traduits par Brugnière de Sorsum, 1826.

Les Etudes poétiques forment deux livres d'Odes et un livre de Mélanges poétiques. — Voici les titres des Odes du 1er livre :

Le Gladiateur mourant.

Le Tombeau du jeune Laboureur.

Le Mont-Blanc.

Le Saint-Bernard.

Le Vésuve.

La Mer.

Le Pêcheur.

La jeune Femme parmi les Ruines de Rome.

La Violette.

Les Harmonies de la Vie, ou l'Aigle et le Cygne.

Le Chant des Corsaires.

Le Chant d'une Odalisque.

Le Chant de mort d'un Roi Scandinave.

La Gloire d'Amurat.

Rome ensevelie dans ses ruines.

Le dernier Jour de la Moisson.

Le Clair de Lune de Mai.

L'Anémone ou la Romance de Jean Sbogar.

Le Chant du Chasseur.

Boutade en faveur de L'Hiver.

ODES DU LIVRE II.

Isaie, *Edition 1864.*

Homère.   *Id.*

Le Dante.

Michel-Ange.

Le Camoens.

Bossuet.

Milton. *Edition 1864.*

Le Génie de Buffon.

L'Invention a Klopstock.

LIVRE III.

Le Donjon de Vire.

Le Val-de-Vire.

La Gelée d'Avril.

Une Vue du Printemps.

Éloge de la Vie Champêtre.

Les Odes suivantes ont été ajoutées dans la seconde édition des Etudes poétiques :

A une Fontaine.

Le Solitaire a la Rose ou le Souvenir.

Le Vaisseau.

La Chute du Chêne.

Le Cheval de Bataille.

Le Tombeau de la Jeune Vierge.

Tout est Vanité. Imité de l'Ecclésiaste.

La Défaite de Sennachérib.

L'Indifférence de la Nature ou la mort d'une Jeune Femme.

Les dernières pièces que Chênedollé ait composées sont :

Improvisation sur la Destruction des Bois de Vassy.

A une Primevère hative.

La Cascade de Reichenbach.

A Christophe Colomb.

Le Supplice des Suicides, imité du Dante. *Muse française 1823-1824.*

La Pervenche.

Le Chateau de Domfront.

Chant de Guerre d'un Troubadour.

Vers sur un Tableau représentant un Enfant qui veut sauver une Colombe des Serres d'un Faucon (1827).

Eloge de la Neustrie. *Annales de la littérature 1828.*

Le Jura.

La Messe de Saint-Bernard.

Le-Vieux Chêne (1829).

La Rose de Noel (1829).

La Branche d'Aubépine.

Le Départ du Jeune Vendéen.

ERRATA

Page	9	ligne	18	voir	lisez	voire.
	12		28	retrouver		retracer.
	13		30	regeetter		regretter.
	16		29	couronnées		couronnés.

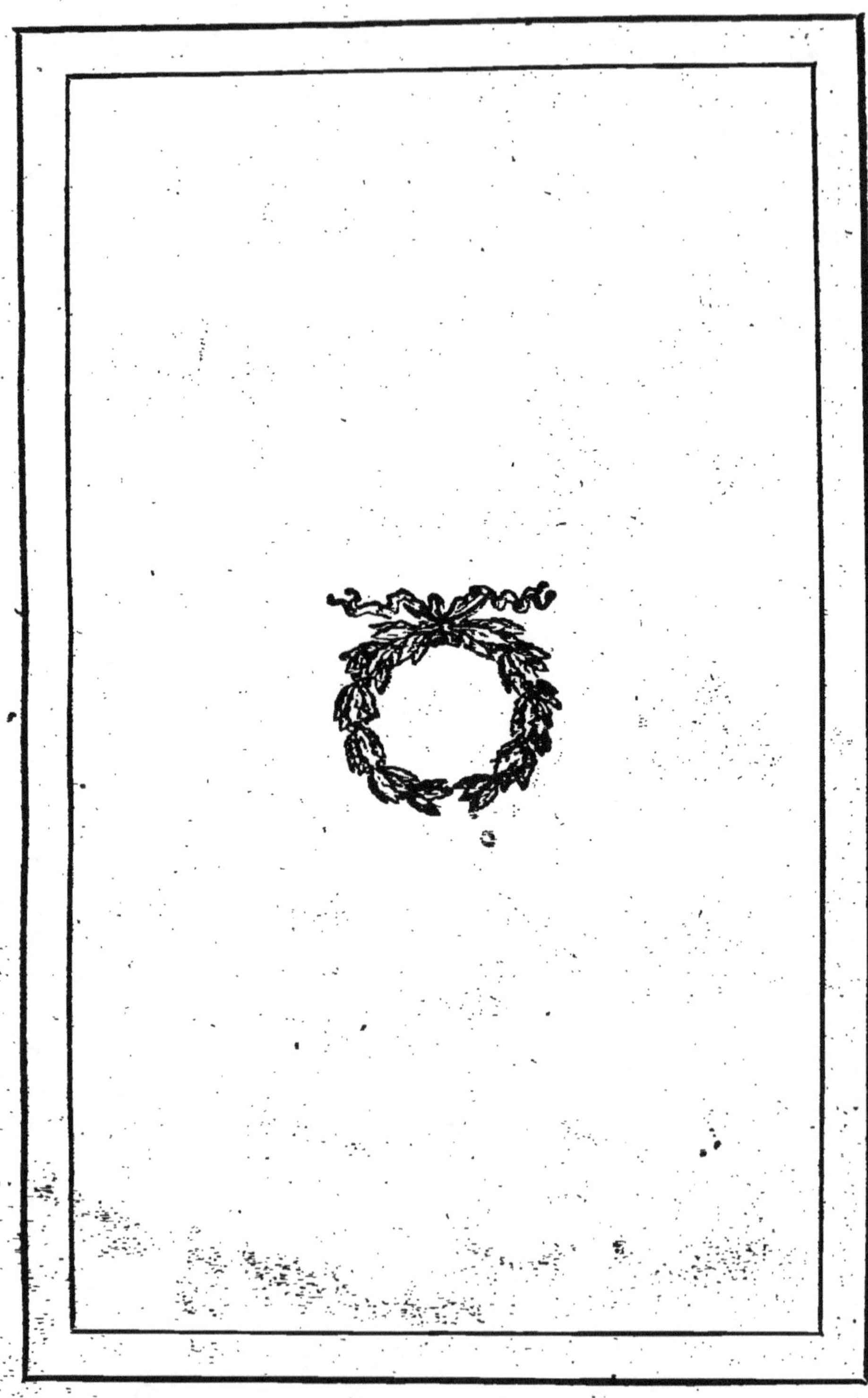

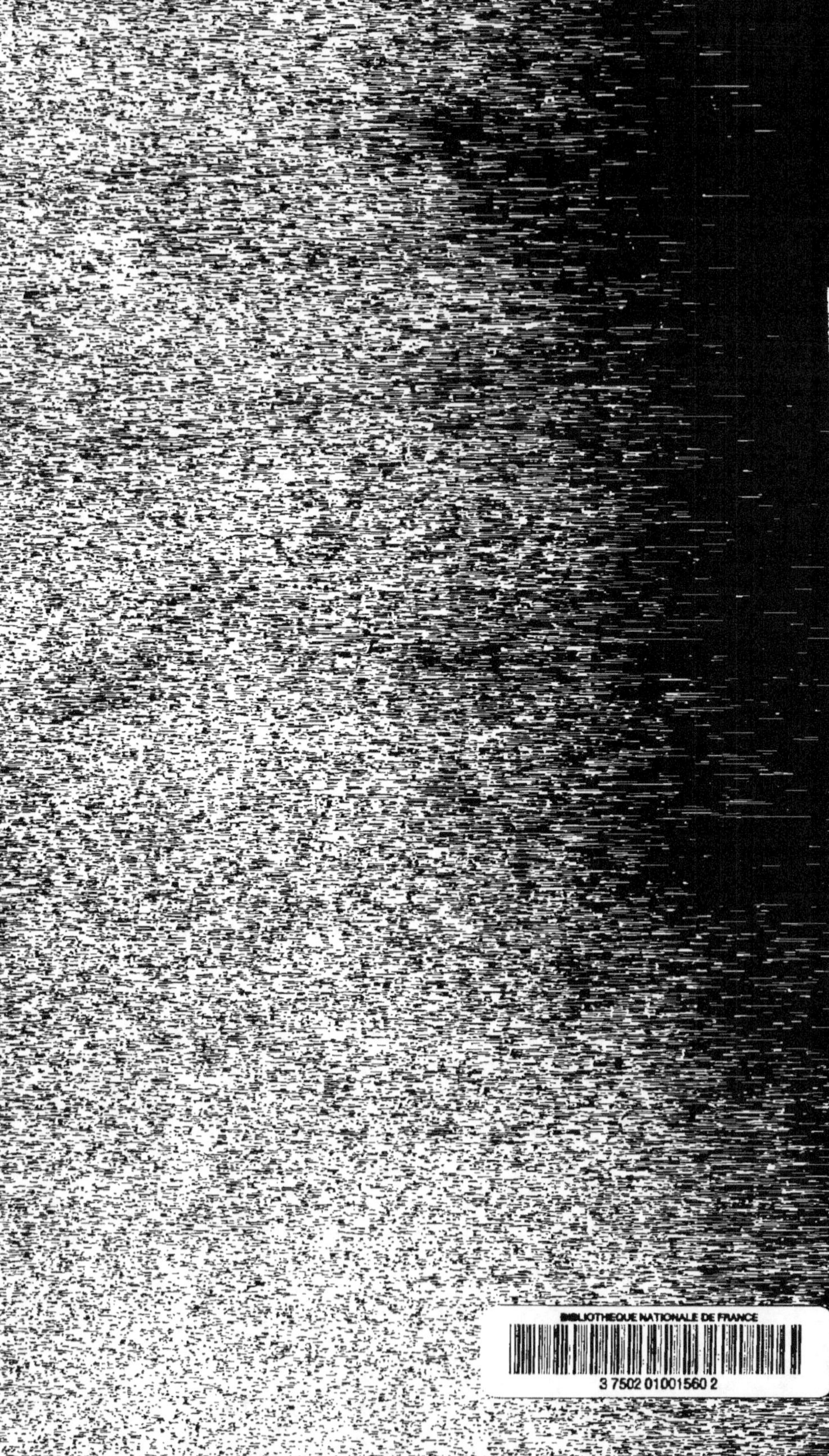